I0540863

THE AUTHOR

Luca Stefano Cristini ha curato diverse pubblicazioni su temi storici antichi e contemporanei, tra cui libri sulla guerra dei 30 anni, medievale, napoleonica e diversi libri illustrati con storiche fotografie a colori. E' anche il responsabile di tutti i marchi di pubblicazione di Soldiershop.

Roberto Costanzo è nato nel 1963, vive vicino a Novara in Italia. È un appassionato di storia, modellismo e arte grafica. Roberto è specializzato nel ricolorare fotografie in bianco e nero in modo che "possiamo vedere quello che hanno visto". Lavora nel suo progetto dal 2014 e fa ricerche e migliora continue su nuove tecniche. Pubblica sotto lo pseudonimo di ROCOlor. Ha già collaborato con Soldiershop.

PUBLISHING'S NOTES

None of unpublished images or text of our book may be reproduced in any format without the expressed written permission of Luca Cristini Editore (already Soldiershop.com) when not indicate as marked with license creative commons 3.0 or 4.0. Luca Cristini Editore has made every reasonable effort to locate, contact and acknowledge rights holders and to correctly apply terms and conditions to Content.
Every effort has been made to trace the copyright of all the photographs. If there are unintentional omissions, please contact the publisher in writing at: info@soldiershop.com, who will correct all subsequent editions.
Our trademark: Luca Cristini Editore©, and the names of our series & brand: Soldiershop, Witness to war, Museum book, Bookmoon, Soldiers&Weapons, Battlefield, War in colour, Historical Biographies, Darwin's view, Fabula, Altrastoria, Italia Storica Ebook, Witness To History, Soldiers, Weapons & Uniforms, Storia etc. are herein © by Luca Cristini Editore.

LICENSES COMMONS

This book may utilize part of material marked with license creative commons 3.0 or 4.0 (CC BY 4.0), (CC BY-ND 4.0), (CC BY-SA 4.0) or (CCo 1.0). We give appropriate attribution credit and indicate if change were made in the acknowledgments field. Our WTW books series utilize only fonts licensed under the SIL Open Font License or other free use license.

ACKNOWLEDGMENTS

A Special Thanks to US national archives NARA, US Library of Congress, Bundesarchiv/wikipedia, Kriegsberichter archiv and Polish national archives. Thanks to the Europeana Collections, and at all the several institution, museum, library, bibliotecks, public or private collection & athenaeums that with their positive copyright policy about part of his collections, allows us the use of many images present in our books. We remember same of this great World Institutions: New York Public Library, Rara CH, Heidelberg Biblioteck University, Riikmuseum of Amsterdam, Dusseldorf University Library, Polona Library, Herzog August Bibliothek of Wolfenbüttel, Stuttgart Bibliothek, SLUB Dresden, Frankfurt am Main Universitätsbibliothek, Europeana, Wikipedia, and many others...

For a complete list of Soldiershop titles please contact Luca Cristini Editore on our website: www.soldiershop.com or www.cristinieditore.com. E-mail: info@soldiershop.com

Titolo: **LA BATTAGLIA DI ANZIO - L'OPERAZIONE "SHINGLE" GENNAIO 1944** Code.: **WTW-001 IT**
Di Luca Stefano Cristini. Cover colored images di Roberto Costanzo (Ro Color)
ISBN code: 978-88-93274111 prima edizione Febbraio 2019
Lingua: Italiano Nr. di immagini: 141 dimensione: 177,8x54mm Cover & Art Design: Luca S. Cristini

WITNESS TO WAR (SOLDIERSHOP) is a trademark of Luca Cristini Editore, via Orio, 35/4 - 24050 Zanica (BG) ITALY.

WITNESS TO WAR

LA BATTAGLIA DI ANZIO

L'OPERAZIONE "SHINGLE" GENNAIO 1944

PHOTOS & IMAGES FROM WORLD WARTIME ARCHIVES

LUCA STEFANO CRISTINI

SOLDIERSHOP PUBLISHING

BOOKS TO COLLECT

INDICE:

▲ Un carro americano M10 TD e un M4 Sherman, entrambi messi fuori uso dal fuoco tedesco ad Anzio.

L'OPERAZIONE "SHINGLE"

LA BATTAGLIA DI ANZIO 22 GENNAIO 1944 - 4 GIUGNO 1944

La battaglia di Anzio battezzata in codice *Operazione Shingle* fu la più ampia e attrezzata operazione di sbarco anfibia mai realizzata durante la campagna d'Italia della seconda guerra mondiale. Essa ebbe inizio nella fredda giornata del 22 gennaio 1944 e si concluse con al conquista di Roma del 4 giugno dello stesso anno.

L'operazione di contrastata soprattutto dalle forze germaniche presenti nell'area di Anzio e Nettuno posta a circa 50 chilometri a sud di Roma. A differenza di quanto si vide mesi prima in occasione dall'operazione *Avalanche* con lo sbarco di Salerno del 1943, ad Anzio gli alleati incontrarono pochissima resistenza nelle prime operazione di sbarco, se si eccettuano sporadici attacchi aerei della Luftwaffe. Ciò permise agli anglo americani e ai loro alleati di consolidare da subito una robusta testa di ponte. Infatti la sera dello stesso giorno 22, nelle due cittadine laziali di Anzio e Nettuno, presero posizione ben 36.000 soldati e oltre 3.300 mezzi militari. Le perdite, assai contenute del primo giorno ammontarono a soli trenta caduti e 97 feriti, mentre i tedeschi lamentarono la cattura di 200 prigionieri. Subito dopo lo sbarco, la prima divisione americana penetrò nell'entroterra per circa 3 chilometri. I Ranger occuparono Anzio mentre la 509a divisione occupò Nettuno, nel contempo la 5a divisone alleata allargò la testa di ponte per un raggio di cinque chilometri. Sin dall'inizio delle operazioni i responsabili delle forze della Resistenza italiana si offrirono per aiutare e coadiuvare le forze alleate sul terreno, cosa che avrebbe certamente agevolato la penetrazione alleata sul posto vista la buona conoscenza del terreno da parte dei partigiani italiani. Tuttavia lo Stato maggiore alleato declinò questo aiuto e la collaborazione non ebbe luogo. L'operazione fu all'inizio guidata dal generale americano John P. Lucas, già comandante del VI corpo USA. Il contingente alleato consisteva nella 3a US divisione di fanteria, dei britannici 1a divisione di fanteria e del 46° 46th Royal Tank Regiment; del US 751° battaglione carri, del 504° US reggimento paracadutisti della 82a Airborne Division, e del 509° battaglione paracadutisti: due battaglioni di commando inglesi ed infine tre battaglioni di US army Rangers.

L'US 45a divisione e il comando A (CCA), una unità del US 1a divisone corazzata, erano dirette allo sbarco come rinforzi una volta consolidata la testa di ponte. L'idea strategica di fondo era di tagliare fuori le forze germaniche dalla linea difensiva invernale per tentare un attacco su Roma. Il successo di un operazione anfibia in queste zone, poste su lande acquitrinose e circondate da basse montagne dipendeva tutto dall'elemento sorpresa e tempestività da parte alleata di poter consolidare una buona base e conquistare apprezzabili porzioni di terreno all'interno. Il tutto cercando di limitare al minimo la immediata risposta del nemico e la sua reattività. Ogni ritardo avrebbe compromesso la occupazione da parte tedesca delle montagne che circondavano la zona dello sbarco con conseguenze nefaste. Fortunatamente per le forze anglo-americane i tedeschi e i loro alleati furono colti totalmente di sorpresa nelle iniziali operazioni di sbarco. Fecero eccezione il funzionamento di alcune isolate mine piazzate nel mare dal genio tedesco e qualche colpo piazzato da cannoni 88 posti nella zona e nei boschi attorno. Cannoni che vennero presto messi fuori gioco dalla potente artiglieria della flotta navale alleata. I tedeschi disponevano anche di alcuni pesanti cannoni montati

su treni che fecero alcuni limitati danni alla flotta nemica. Mentre sul sito l'unica resistenza era costituita da due battaglioni di servizio sulla costa che vennero presto messi in fuga.
Il generale americano Mark W. Clark, comandante della Va armata americana era ben consa-
pevole di questi rischi, ma non ne discusse comunque col suo sottoposto, il generale Lucas il
quale preferì agire con eccessiva prudenza trincerandosi opportunamente nella testa di ponte
aspettandosi vigorosi contrattacchi da parte del nemico. Così egli perse l'occasione di sfrut-
tare il successo derivato dalla sorpresa, visto che le forze tedesche erano ancora assai lontane
al momento. Fattore che come vedremo costerà parecchi ritardi e vittime nel proseguo delle
operazioni. Di tutto ciò ovviamente ne beneficiarono i tedeschi, che ebbero tutto il tempo
di organizzare una efficace difesa, e così quando , in ritardo di una settimana, il 30 gennaio,
il IV corpo alleato mosse all'attacco, il feldmaresciallo tedesco Kesserling, avevo raccolto un
considerevole numero di truppe nella zona allo scopo di contrastare efficacemente ogni loto
avanzata. L'obiettivo principale dello sbarco era quello di stabilire una testa di ponte, per
poi muoversi rapidamente verso l'interno per tagliare l'autostrada A8, con la quale il nemico
riforniva le sue forze sul fronte Garigliano-Minturno e alla fine tagliare l'autostrada A7 a Valmontone, intrappolando così le forze tedesche che si opponevano al grosso della Va armata
americana sul fronte di Cassino e dintorni.

Di conseguenza il comandante tedesco spostò ogni unità di cui poteva disporre in un anello
difensivo attorno alla testa di ponte. Dalle loro posizioni le unità germaniche di artiglieria
avevano una visione chiara di ogni posizione alleata. I tedeschi utilizzando le pompe di dre-
naggio della zona inondarono la palude bonificata con acqua salata, progettando di intrappolare gli alleati nell'area e di provocarne un epidemia.

Per settimane una pioggia di proiettili tedeschi caddero sulla spiaggia, sulla palude, sul porto e su qualsiasi altra cosa osservabile dalle colline. Dopo un mese di duri ma inconcludenti
combattimenti, il generale Lucas fece da capro espiatorio, fu sollevato e sostituito dal generale
maggiore Lucian K. Truscott, che aveva precedentemente comandato la 3a divisione di fanteria degli Stati Uniti. Alla fine gli alleati a maggio cominciarono finalmente a dilagare. Ma, con
grande dispetto per gli inglesi, invece di colpire l'interno per tagliare le linee di comunicazione
delle unità della Decima Armata tedesca che combattevano a Monte Cassino, Truscott, su or-
dine di Clark, volse le sue forze a nord-ovest verso Roma, che fu conquistata il 4 giugno 1944.
Infatti Hitler non vedeva alcun motivo per resistere a Roma, e il 2 giugno espresse tale sen-
timento a Kesselring, che fu ben felice di questa decisione, preferendo di gran lunga spostare
le sue forze superstiti per rafforzare le linee difensive molto più a nord lungo la linea gotica.
Due giorni dopo, le truppe americane entrarono trionfalmente nella capitale italiana.

Clark immediatamente nello stesso mattino, tenne una conferenza stampa sui gradini del municipio sul Campidoglio, con l'obiettivo malcelato di entrare nella storia assicurando se stesso
come il generale vittorioso. Come risultato di questa ultima operazione, le forze della Decima
Armata tedesca che combattevano a Cassino furono in grado di ritirarsi tranquillamente per
ricongiungersi al resto delle forze di Kesselring a nord di Roma, riorganizzarsi, e disporsi atti-
vamente per raggiungere la nuova posizione difensiva.

L'importanza strategica della battaglia di Anzio nella liberazione dell'Italia è oggi evidente.
Il contributo della campagna allo sforzo complessivo degli alleati in Europa, tuttavia, viene
spesso sottovalutato. I due corpi tedeschi impegnati sul fronte di Anzio erano originariamente
destinati alla Normandia. Il successo degli sbarchi alleati sulle spiagge francesi nel giugno del

1944 fu dovuto in gran parte alla tenacia delle forze alleate ad Anzio. Ma il prezzo di questa vittoria cruciale fu assai elevato. Le forze alleate subirono quasi 90.000 perdite, di cui 700 morti, 36.000 feriti gravi, altri 44.000 furono ricoverati in ospedale per varie lesioni non ricevute in battaglia. A ricordo e a testimonianza del coraggio e del sacrificio di coloro che hanno combattuto ad Anzio, 22 soldati americani ricevettero la Medaglia d'Onore del Congresso, la più alta onorificenza americana della Seconda Guerra Mondiale.

FORZE ALLEATE IMPEGNATE NELL'OPERAZIONE SHINGLE GENNAIO-GIUGNO 1944

Arnate alleate in Italia
C-in-C: Generale Sir Harold Alexander

U.S. Fifth Army **Commander:**
Lieutenant-General Mark Wayne Clark
U.S. VI Corps
Major-General John P. Lucas (fino al 23 febbraio)
Major-General Lucian K. Truscott (dal 23 febbraio)
Deputy commander: Major-General Lucian K.Truscottt (dal 16 al 23 febbraio)
Deputy commander: Major-General Vyvyan Evelegh (from 16 Febbraio to 18 March)
- U.S. 3rd Infantry Division (Major-General Lucian K. Truscott fino al 23 febbraio poi Brigadier John W. O'Daniel) fino al 25 maggio1944
- British 1st Infantry Division (Major-General Ronald Penney)
- U.S. 45th Infantry Division (Major-General William W. Eagles)
- U.S. 1st Armored Division (Major-General Ernest N. Harmon)
- British 56th Infantry Division (Major-General Gerald Templer) (da metà fenbbraio fino a metà marzo 1944)
- U.S. 34th Infantry Division (Major-General Charles W. Ryder) (da marzo 1944)
- U.S. 36th Infantry Division (Major-General Fred L. Walker) (da aprilee 1944)
- British 5th Infantry Division (Major-General Philip Gregson-Ellis) da marzo 1944)
- US-Canadian First Special Service Force (tre reggimenti dal tardo febbraio)
- 6615th Ranger Force (1st, 3rd and 4th battalions, 83rd Chemical Battalion and U.S. 509th Parachute Infantry Battalion)
- U.S. 504th Parachute Infantry Regiment
- British 2nd Special Service Brigade (9 and 43 British Commandos)
U.S. II Corps (dal 25 maggio 1944)
Major-General Geoffrey Keyes
- U.S. 88th Infantry Division (Major-General John E. Sloan)
- U.S. 85th Infantry Division (Major-General John B. Coulter)
- U.S. 3rd Infantry Division (Brigadier John W. O'Daniel)

FORZE DELL'ASSE

Army Group C **Commander:**
Generalfeldmarschall Albert Kesselring

German Fourteenth Army
Commander: General Eberhard von Mackensen (fino a fine maggio 1944, poi sotto il diretto comando di Kesselring)

I Parachute Corps
General Alfred Schlemm
- · 4th Parachute Division (Major-General Heinrich Trettner)
- o "Nembo" Battaglione Para RSI Regimento "Folgore" (RSI) (CapitanoCorradino Alvino)
- · 29th Panzergrenadier Division (Lieutenant-General Walter Fries)
- · 65th Infantry Division (Major-General Hellmuth Pfeifer)
- · 715th Infantry Division (Major-General Hans-Georg Hildebrandt)
- o "Barbarigo" Battaglione della Decima Flottiglia MAS (RSI) (Capitano Umberto Bardelli)[2][3]
- · 114th Jäger Division (Lieutenant-General Karl Eglseer)

German LXXVI Panzer Corps
General Traugott Herr
- · 3rd Panzergrenadier Division (Lieutenant-General Fritz-Hubert Gräser)
- · 26th Panzer Division (Lieutenant-General Smilo Freiherr von Lüttwitz)
- · Hermann Göring Panzer Division (Major-General Paul Conrath)
- · 362nd Infantry Division (Major-General Heinz Greiner)
- · 71st Infantry Division (Lieutenant-General Wilhelm Raapke)

FLOTTA ALLEATA

Uno dei problemi più grandi dell'intera operazione era la disponibilità di navi da sbarco. I comandanti americani in particolare erano determinati a dare la massima importanza all'invasione della Normandia e agli sbarchi di supporto nel sud della Francia. Alla fine la flotta alleata fu composta da 5 incrociatori, 24 cacciatorpediniere, 238 mezzi da sbarco, 70 altre navi, 40.000 soldati e 5.000 veicoli militari.

L'attacco fu suddiviso su tre gruppi militari:

- **The British force ("Peter Beach")**

Questa forza attaccò la costa a nove km a nord di Anzio.
- · British 1st Infantry Division
- o 2nd Infantry Brigade
- ▪ 1st Battalion, Loyal Regiment (North Lancashire)
- ▪ 2nd Battalion, North Staffordshire Regiment
- ▪ 6th Battalion, Gordon Highlanders
- o 3rd Infantry Brigade
- ▪ 1st Battalion, Duke of Wellington's Regiment
- ▪ 1st Battalion, King's Shropshire Light Infantry
- ▪ 2nd Battalion, Sherwood Foresters
- o 24th Guards Brigade
- ▪ 5th Battalion, Grenadier Guards
- ▪ 1st Battalion, Irish Guards
- ▪ 1st Battalion, Scots Guards
- o 1st Reconnaissance Regiment, Reconnaissance Corps
- o 2/7th Battalion, Middlesex Regiment
- o 2nd Field Regiment, Royal Artillery
- o 19th Field Regiment, Royal Artillery
- o 67th Field Regiment, Royal Artillery
- o 81st Anti-Tank Regiment, Royal Artillery
- o 90th Light Anti-Aircraft Regiment, Royal Artillery

- o 23rd Field Company, Royal Engineers
- o 238th Field Company, Royal Engineers
- o 248th Field Company, Royal Engineers
- o 6th Field Park Company, Royal Engineers
- o 1st Bridging Platoon, Royal Engineers
- o 1st Divisional Signals Regiment, Royal Corps of Signals
- · 46th (Liverpool Welsh) Royal Tank Regiment
- · 2nd Special Service Brigade (partial)
- o No. 9 Commando
- o No.43 (Royal Marine) Commando

No 1, 2 & 3 Field Ambulance, Royal Army Medical Corps

- The northwestern U.S. Force ("Yellow Beach")

Questa forza operò direttamente sul porto di Anzio.
- · 6615th Ranger Force
- o 1st Ranger Battalion
- o 3rd Ranger Battalion
- o 4th Ranger Battalion
- o 509th Parachute Infantry Battalion (PIB)
- · 83rd Chemical Mortar Battalion
- · 93rd Evacuation Hospital
- · 95th Evacuation Hospital

- The southwestern U.S. Force ("X-Ray Beach")

Questa forza fu destinata al settore della costa est di Nettuno: 10 km ad est di Anzio. Il piano di invasione assegnò originariamente al 504° reggimento di fanteria paracadutisti il compito di effettuare un attacco con paracadute nei pressi di Aprileia, dieci km a nord di Anzio, cosa che lo avrebbe messo in condizione di catturare rapidamente il nodo stradale di Campoleone, e che invece non fu portato a termine che a fine maggio.

- · U.S. 3rd Infantry Division
- o 7th Infantry Regiment
- o 15th Infantry Regiment
- o 30th Infantry Regiment
- o HHB Division Artillery
- ▪ 9th Field Artillery Battalion (155mm)
- ▪ 10th Field Artillery Battalion (105mm)
- ▪ 39th Field Artillery Battalion (105mm)
- ▪ 41st Field Artillery Battalion (105mm)
- o 10th Engineer Battalion
- o 601st Tank Destroyer Battalion
- o 751st Tank Battalion
- o 441st AAA Automatic Weapons Battalion
- o Battery B, 36th Field Artillery Regiment (155mm Gun)(Motorized)
- o 69th Armored Field Artillery Battalion
- o 84th Chemical Battalion (Motorized)
- · 504th Parachute Infantry Regiment

▲ Il generale Mark W. Clark, U.S. Army, Comandante generale della Quinta Armata, guarda verso la costa dalla barca del PT che lo trasporta verso la testa di ponte vicino ad Anzio, in Italia, il 22 gennaio 1944. US NARA

FORZE ALLEATE
FOTO & IMMAGINI

▲ Mezzi anfibi alleati DUKW raggiungono le spiagge di Anzio e Nettuno. US NARA

▼ Mezzi antiaerei da 20mm e 40mm sono all'erta per prevenire eventuali attacchi aerei nemici. US NARA

▲ Anzio gennaio 1944 uomini del 504th Paratroop Infantry Regiment sbarcano dal USS LCI-38. US NARA

▼ Una task force del 504th Paratroop Infantry Regiment sbarca dal USS LCI-38, il 22 gennaio 1944. Foto di Leibowitz. Notare i "Bazooka" portati da almeno due soldati in questa immagine. US NARA

▲ Anzio Gennaio 1944 USS LCI-20 brucia dopo essere stato colpito dall'aviazione tedesca. US NARA

▼ Anzio-Nettuno, 2 ottobre, 1942. Vista aerea ufficiale del U.S. Navy Photograph. US NARA

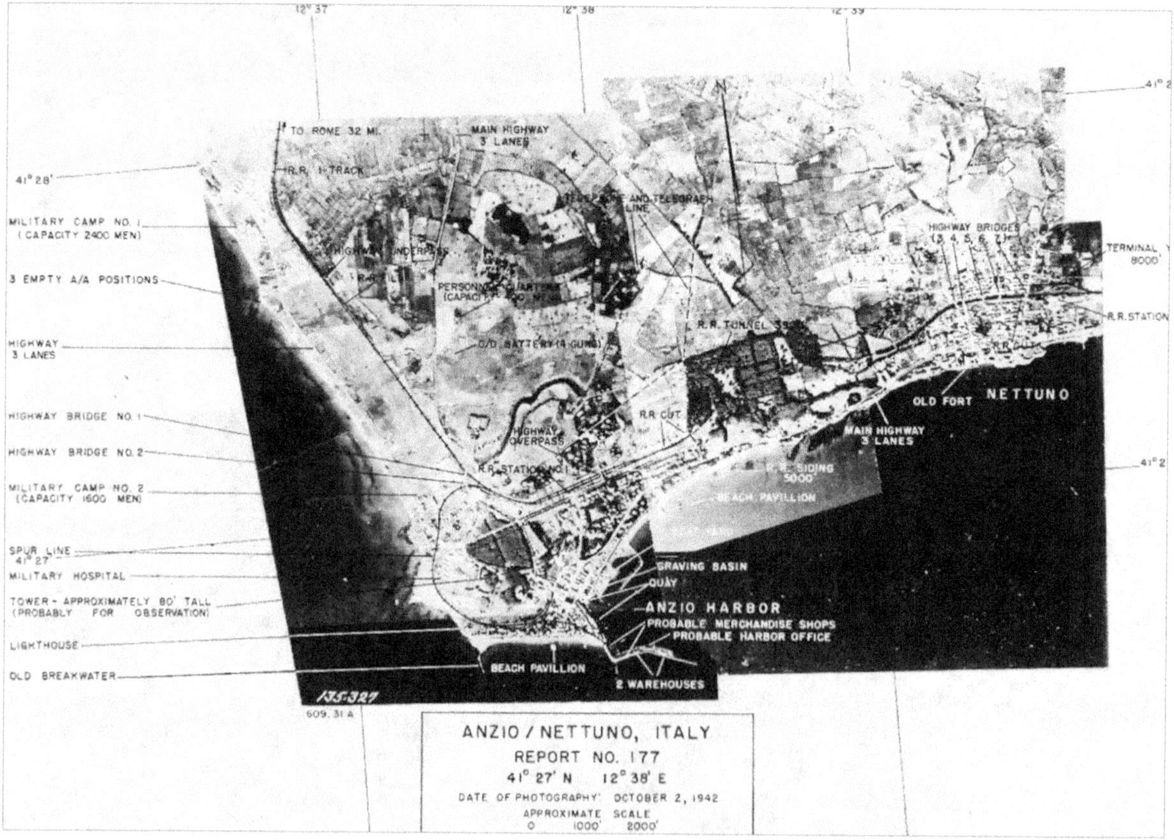

▲ Anzio Gennaio 1944 uomini del 504th Paratroop Infantry Regiment appena sbarcati da USS LCI-38. US NARA

▼ Anzio Gennaio 1944 soldati della US Fifth Army mentre sbarcano. US NARA

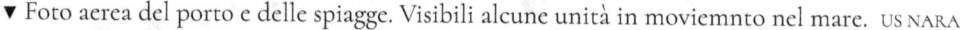

▲ Soldati del 504 th US Paratroop infantry regiment a bordo di LCI boats prima della partenza per lo sbarco
US NARA

▼ Foto aerea del porto e delle spiagge. Visibili alcune unità in moviemnto nel mare. US NARA

▲ US Army DUKWs sbarca sula spiaggia sotto il fuoco nemico, Italy, 22 gennaio 1944. US NARA

▼ La U.S. Navy destroyer USS Charles F. Hughes (DD-428) sotto attacco tedesco nella rada di Nettuno. L'unità è mimetizzata con i colori Measure 22 camouflage. US NARA

9x9 neg. rec'd Nov. 25, 1943, from BPR.
Released, 26 June 1945.

A2475

2609 4A.
INDEXE

FROM ADVANCED NORTH AFRICAN AIR BASE--November 1-- Indicative of the devastating
effect of continued bombing of Nazi supply lines and transportation is the picture
of the harbor at German-held Anzio, Italy. On a recent mission, USAAF Martin B-26
(OVER)

War Theatre #12 - ANZIO, Italy

▲ Attacco aereo tedesco ad Anzio, il 22 Gennaio 1944 foto fatta dal USS FREDERICK C. DAVIS (DE-136), by PHOM1/c D. E. Hoskins. US NARA

▼ Gennaio 1944 pesante attacco tedesco sulle navi da sbarco a Nettuno - Anzio. Nella foto è chiaramente visibile una unità colpita. US NARA

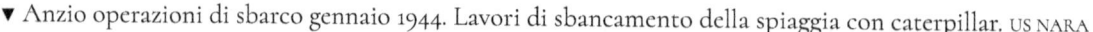

▲ La U.S. Navy amphibious force flagship USS Biscayne (AVP-11) fuori Anzio, Italy, durante la operazione Shingle. Notare il PT boat accanto alla chiglia della nave. US NARA

▼ Anzio operazioni di sbarco gennaio 1944. Lavori di sbancamento della spiaggia con caterpillar. US NARA

▲ Nettuno, una foto anteguerra della cittadina laziale. Questa è piazza Mazzini.

▼ La prua della USS PORTENT (AM-106) affondata da una mina il primo giorno dello sbarco ripresa dalla torretta antiaerea della USS BROOKLYN (CL-40) Notare le altre unità al largo. US NARA

▲ Carri Shermans sbarcano da un mezzo LST [US 77] nel porto di Anzio per andare a rinforzare le unità della Va armata nella testa di ponte. US NARA

▼ Nettuno, panorama della città. Si vedono diversi edifici colpiti. US NARA

▲ Feriti alleati vengono caricati sulla nave ospedale RMS Leinster nel porto di Anzio grazie ad un LCT. Personale della croce rossa li accompagna. Foto del marzo 1944. US NARA

▼ Gennaio-giugno 1944. Prigionieri tedeschi. US NARA

▲ Battaglia di Anzio, Gennaio-giugno 1944. Prigionieri tedeschi catturati dalla 5th Army dopo lo sbarco. Gran parte della guarnigione tedesca che proteggeva questa parte della costa italiana era stata ritirata. US NARA

▲ Giovani Prigionieri tedeschi ad Anzio, Italy, Febbraio 1944 United States National Archive. SUS NARA

▲ Gennaio-giugno 1944. Italiani di Anzio, Italy. Bambino giovanissimo ripreso fuori da una povera casa contadina fatta di pagliericcio. Official U.S. Navy photograph. US NARA

▲ Italiani di Anzio, Italy. Giovani ragazzi di "guerra" fotografati il 3 marzo 1944. US NARA

▼ Gennaio-giugno 1944. Piccola fattoria laziale.. US NARA

▲ DUKW mezzo anfibio appena spiaggiato ad Anzio, 15 Aprile 1944. La USS LCT-33 è parzialmente visibile sullo sfondo. US NARA

▼ Il soldato Allen H. Bence of Milwaukee, Wisconsin, del 509th Paratroop Infantry Battalion, identifica alcuni soldati tedeschi caduti ad Anzio, Italy US NARA

▲ Battaglia di Anzio, Gennaio-giugno 1944. 1st Sgt. Jack Malone, Modesto, Calif. Fifth Army ad Anzio, Italy. 504th Parachute Inf. Regt. US NARA

▲ La HMS Penelope. L'equipaggio si mostra allegro nonostante la fiancata della nave risulti colpita da una gragnola di colpi. Alcuni buchi sono tappati con dei tronchi. US NARA

▼ Ernest T. (Ernie) Pyle, Scripps-Howard famoso corrispondente di guerra americano al lavoro su un articolo dopo aver visitato la testa di ponte di Anzio il 18 Marzo 1944. US NARA

▲ Marinaio americano con il suo cane mascotte della U.S Navy salvage depot sulla spiaggia di Anzio il 15 Aprile 1944. Nota il bunker di sacchi di sabbia, l'uniforme dismessa e la barba lunga. US NARA

▲ Carri armati efficacemente mimetizzati. Mezzi della Fifth Army, Anzio area, US NARA

▼ Uomini del 504th Regimental Demolition Platoon osservano un esperto artificiere che lavora su una mina nascosta sulle "strade per Roma". US NARA

TIMELINE

22 gennaio 1944 Un contingente di circa 36.000 soldati sbarca ad Anzio e Nettuno, in Italia, con poca opposizione da parte nemica.

23 gennaio 1944 Il cacciatorpediniere inglese HMS Janus viene colpito al largo di Anzio

24 gennaio 1944 Due giorni dopo lo sbarco, le forze tedesche nella regione sono aumentate a oltre 40.000 uomini.

25 gennaio 1944 Il generale Eberhard von Mackensen assume il controllo generale delle forze tedesche nell'area di Anzio.

27 gennaio 1944 Il maggiore generale alleato, John Lucas ad Anzio, comanda ormai 70.000 uomini, con 237 carri armati, 508 cannoni pesanti e 27.000 tonnellate di rifornimenti, e decide di mantenere ancora un atteggiamento difensivo.

28 gennaio 1944 Il maresciallo tedesco Albert Kesselring ordina un primo contrattacco contro la testa di ponte alleata nella zona.

29 gennaio 1944 La forza totale alleata dell'Anzio, è composta ora da 69.000 uomini, 508 cannoni e 208 carri armati. Dall'altro lato delle linee, la forza tedesca ammonta a 72.000 uomini.

30 gen 1944 Le forze alleate iniziano a muovere l'offensiva, avanzando verso Cisterna e Campoleone, ma nessuna delle due forze impegnate risulta in grado di catturare gli obiettivi; durante l'operazione viene distrutto un intero battaglione dell'esercito americano.

2 Febbraio 1944 I tedeschi sconfiggono pesantemente le truppe americane nella Battaglia di Cisterna vicino ad Anzio, in Italia.

3 Febbraio 1944 Il tentativo americano di rompere l'accerchiamento di Anzio viene interrotto, seguito dal primo contrattacco tedesco contro la testa di ponte.

Il 4 febbraio 1944 le truppe tedesche penetrano le linee alleate di Anzio.

7 Febbraio 1944 L'artiglieria tedesca e alleata si bombardarono a vicenda ad Anzio; alle 21:00 i tedeschi lanciano un nuovo attacco sulla testa di ponte.

Il 9 febbraio 1944 le truppe tedesche catturano Aprilia, vicino ad Anzio.

10 febbraio 1944 Winston Churchill scrive ad Harold Alexander, invitandolo a ordinare ai generali di campo ad Anzio di essere più aggressivi.

11 febbraio 1944 Il generale maggiore John Lucas ordina un contrattacco da Anzio respinto dai tedeschi che avevano intercettato le comunicazioni radio alleate e si erano quindi preparati per questo attacco.

Il 13 febbraio 1944 gli americani fermarono un pericoloso contrattacco tedesco.

14 Febbraio 1944 Harold Alexander visita gli Alleati al fronte ed manifesta insoddisfazione nei confronti del comandante generale Maggiore John Lucas.

16 Febbraio 1944 I tedeschi lanciano l'operazione Fischfang, lanciando 7 divisioni contro gli alleati nell'area. Lo stesso giorno, Harold Alexander mette Lucian Truscott e Vyvyan Evelegh a disposizione del maggiore generale John Lucas nel tentativo di alleviare la scarsa prestazione ad Anzio.

18 Febbraio 1944 I tedeschi fanno progressi nella zona, ma risultano infine respinti dall'artiglieria e dai colpi di cannone navali.

20 Febbraio 1944 I tedeschi interrompono l'operazione Fischfang diretta alla testa di ponte alleata ad Anzio.

21 febbraio 1944 Tre MAS italiani hanno attaccato la testa di ponte alleata ad Anzio, danneggiando la USS PC-545 e la US Pioneer prima dell'alba.

22 febbraio 1944 Mark Clark sostituisce John Lucas con Lucian Truscott al comando dell'esercito.

25 febbraio 1944 Cinque motosiluranti italiani attaccano gli Alleati ad Anzio, prima dell'alba, senza causare danni e senza subire perdite.

29 febbraio 1944 La terza grande offensiva tedesca viene lanciata nell'area senza però riuscire a rimuo-

vere gli Alleati.

3 Marzo 1944 Tre motosiluranti italiani attaccano gli alleati ad Anzio, in Italia, prima dell'alba, senza causare danni e senza subire perdite. Durante il giorno, i tedeschi hanno interrotto gli attacchi sulla spiaggia.

24 Marzo 1944 La posizione alleata fu sottoposta dal fuoco della artiglieria pesante tedesca. In mare, un attacco di un siluro a motore italiano affondò una nave mercantile; La barca italiana fu affondata nell'attacco.

20 aprile 1944 Le motosiluranti italiane affondarono la nave da sbarco britannica LST-305 nel porto di Anzio.

Il 5 maggio 1944 Harold Alexander ordina la preparazione dell'Operazione Buffalo, che richiedeva un assalto a Cisterna, sulla strada per Roma. Mark Clark, tuttavia, modifica questo piano in modo da poter prima colpire a Roma.

13 maggio 1944 Le truppe alleate conquistano Ponte Sant'Angelo e Castelforte.

16 maggio 1944 Il fuciliere britannico Frank Jefferson utilizzando un arma anticarro PIAT riesce a distruggere un carro armato Panzer IV tedesco lungo la linea Gustav in Italia. In seguito per questa azione il soldato ricevette la Victoria Cross.

19 maggio 1944 Le truppe britanniche catturano l'aeroporto di Aquino appena fuori Roma.

Il 20 maggio 1944 la Quinta Armata americana conquista la città di Gaeta.

23 maggio 1944 Tre divisioni statunitensi e due inglesi lanciano un nuovo assalto dalla testa di ponte di Anzio infliggendo pesanti perdite alle formazioni tedesche ma patendone altrettante.

Il 24 maggio 1944 le forze americane catturano Terracina.

Il 25 maggio 1944 la 3a divisione degli Stati Uniti cattura Cisterna dopo aver eliminando quasi completamente la 362a divisione di fanteria; nelle vicinanze, la prima divisione corazzata americana impegnò la divisione tedesca Herman Göring a Valmontone, mentre le truppe statunitensi della quinta armata si unirono al contingente di Anzio. Alla fine della giornata, Mark Clark ordina a Lucian Truscott di girare a nord verso Roma senza informare il britannico Harold Alexander.

26 maggio 1944 Dopo che la prima divisione corazzata americana era già stata dirottata a nord, verso Roma, Mark Clark riferì tardivamente ad Harold Alexander del cambiamento di ordini; lasciando solo una divisione per attaccare le restanti forze tedesche a Valmontone. Nella zona, le truppe statunitensi catturano il villaggio di Cori.

29 maggio 1944 La prima divisione corazzata degli Stati Uniti occupa posizioni difensive tedesche della linea C di Cesare a sud di Roma.

Il 30 maggio 1944 le truppe britanniche catturarono Arce. La 36ª Divisione di fanteria americana si inserisce tra il 1° corpo paracadutisti tedesco e il corpo Panzer LXXVI sulla linea Cesare C.

Nello stesso giorno sette divisioni tedesche si ritirarono con successo lungo la statale 6, Albert Kesselring permise alle sue truppe nella zona di Velletri di ripiegare.

1 giugno 1944 Le truppe britanniche conquistano la città di Frosinone.

2 giugno 1944 Le forze alleate superano la linea C di Cesare C a sud di Roma. Hitler ordinò ad Albert Kesselring di abbandonare la capitale.

3 giugno 1944 Albert Kesselring dichiara Roma, città aperta.

4 giugno 1944 Mark Clark e la 5a armata statunitense entrano a Roma, senza incontrare opposizione; Clark tenne immediatamente una conferenza stampa sui gradini del municipio sul Campidoglio.

Diversi generali alleati pensano che Clark con la sua azione propagandistica abbia perso l'occasione di intrappolare la decima armata tedesca. Nelle vicinanze, viene intanto evacuata la base della torpediniere italiane a Terracina.

▲ Prigionieri tedeschi catturati durante la Battaglia di Anzio (Italy - 1944). US NARA

▼ Prigionieri di guerra tedeschi ricevono la razione "C" presso un POW holding center. Altri militari tedeschi osservano dalle inferriate del centro di reclusione. Si tratta in maggior parte di personale luftwaffe. US NARA

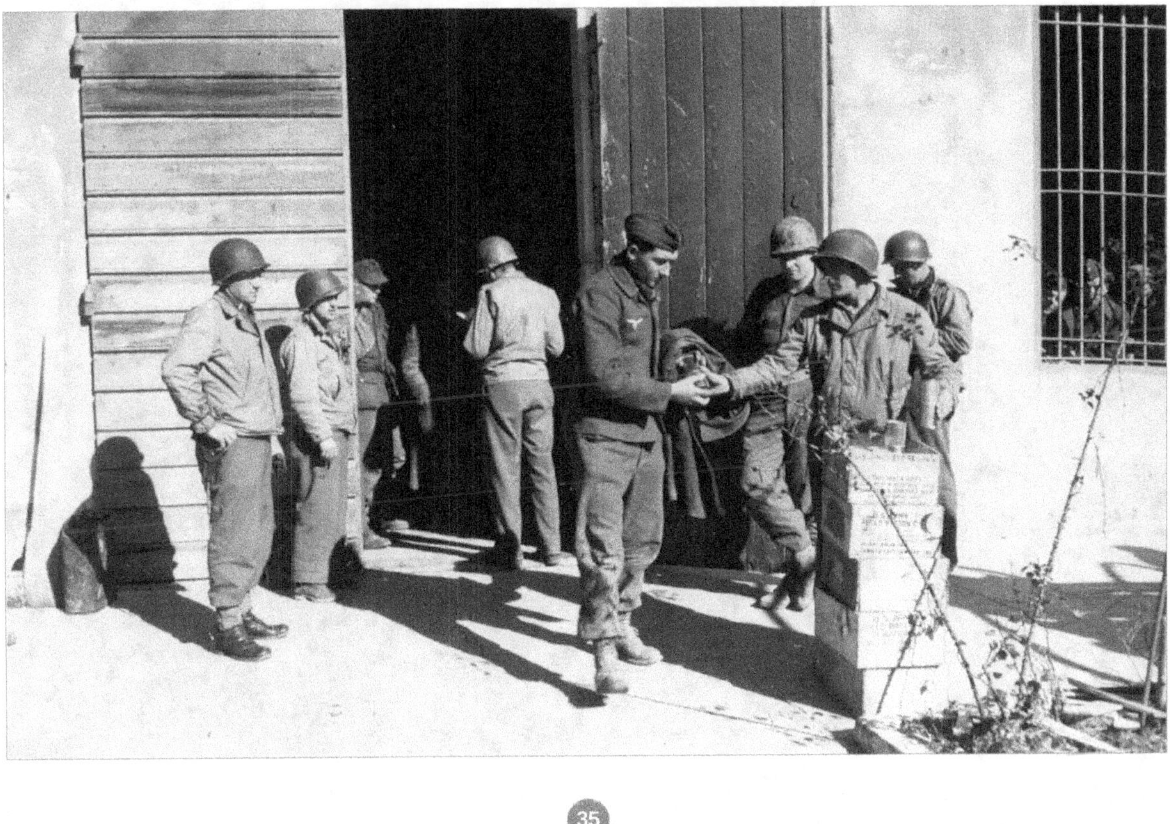

▲ Uno Sherman US osserva un finto carro creato per confondere il nemico. Anzio Area. US NARA

▼ Carri armati americani in colonna su una strada nei dintorni di Anzi. US NARA

▲ Carro armato americano in azione nelle campagne attorno ad Anzio. US NARA

▲ Equipaggi aerei afroa-mericane del 99th Fighter Squadron delle forze aeree dell'esercito americano ad Anzio, Italia, febbraio 1944; senza casco è il Lt. Andrew Lane. US NARA

▼ Parte dei duemila Prigionieri tedeschi catturati nella zona di Anzio durante le operazioni del 25 Maggio1944. US NARA

▲ Soldati tedeschi catturati durante la battaglia di Cisterna, vengono portati fuori città dai soldati americani della 3a div. Di fanteria per raggiungere i centri di prigionia. US NARA

▲ Prigionieri tedeschi ad Anzio. Un tenente dei paracadutisti tedeschi si mette in posa. Questi prigionieri furono catturati durante la battaglia per la testa di ponte ad Anzio. fotografato nel Marzo3 1944. US NARA

▲ Esibendo la sua croce di ferro questo prigioniero tedesco a bordo di un LST è un veterano di 260 missioni in meno di 2 anni, pilota da combattimento parlante un fluente inglese, ha 27 anni e ancora con molta fede nella finale vittoria nazista. Febbraio 17, 1944. US NARA

▲ Prigionieri tedeschi intenti a ripulire un magazzino dell'esercito americano. US NARA

▼ Anzio 1944. Un soldato incuriosito guarda un poster di Mussolini appena tolto da un ufficio pubblico e crivellato di colpi dai militari di passaggio, 30 Gennaio 1944 US NARA

▲ ▼ Prigionieri tedeschi ad Anzio. I soldati tedeschi scendono da una nave trasporto Per Raggiungere un campo di prigionia dietro le linee. Foto del Marzo 1944. US NARA

▲ Un Tiger Pz.Kpfw VI del 508th messo fuori uso a Lanuvio nel giugno 1944. US NARA

▼ Soldati americani-giapponesi vennero assegnati in luoghi ad alto rischio e hanno combattuto nella battaglia che ha liberato la città di Anzio. US NARA

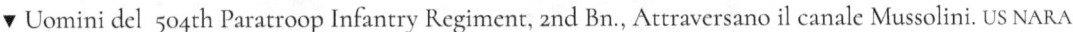

▲ Uomini del 1st Armored Regiment nella zona di Nettuno. US NARA

▼ Uomini del 504th Paratroop Infantry Regiment, 2nd Bn., Attraversano il canale Mussolini. US NARA

▲ Una gigantesca insegna della Croce Rossa sopra un ospedale di prima linea domina questa scena ad Anzio In primo piano, gli uomini dell'esercito americano ispezionano le rovine alla ricerca di feriti o morti. Febbraio 1944. US NARA

▼ Distaccamento di salvataggio della US Navy ad Anzio. Questi marinai della US Navy ingurgitano il loro cibo in un bivacco improvvisato nella campagna laziale. 25 Aprile 1944. US NARA

▲ Due Yanks esaminano uno dei molti carri nemici fatti fuori per le strade verso Roma. Questi 'Mark Iv' [Panzerkampfwagen Iv Tanks furono stati gettati nella battaglia di contenimento. US NARA

▼Giugno1944. Uno dei cannoni ferroviari tedeschi K5 280MM sui binari ferroviari bombardati a Civitavecchia. I cannoni chiamati "Robert" e "Leopold", durante la Battaglia di Anzio, i cannoni furono soprannominati Anzio Annie e Anzio Express. US NARA

▲ Civitavecchia, Italy, Giugno 1944. rovine lungo le strade. US NARA

▼ Civitavecchia, Italy, Giugno1944. Civitavecchia distrutta dopo il bombardamento. Foto del 9 Giugno, 1944. Fotografia ufficiale della Marina statunitense. US NARA

▲ Personale del First Special Service Force nel briefing che precedeva il pattugliamento, Anzio 20 Aprile 1944. US NARA

▼ Soldati del 88th Infantry Division, 351st Infantry Regiment, 2nd Infantry Battalion nelle strade di un villaggio italiano distrutto e abbandonato. Maggio1944 US NARA

▲ Questa immagine mostra Ernie Pyle, un famoso corrispondente di guerra e una squadra di carristi del 191°
Tank Bn Fifth Army ad Anzio (Signal Photo Co). Vedi anche pag. 30. US NARA

▲ Cimitero tedesco e morti insepolti a Cori, in Italia. I tedeschi lasciarono le proprie posizioni così rapidamente che non riuscirono a seppellire i loro morti, 29 Maggio, 1944. US NARA

▼ Due panzer tedeschi abbandonati dopo l'evacuazione da Cori. US NARA

▲ Altre immagini della ritirata tedesca da Nori un piccolo villaggio non distante da Roma. US NARA

▼ Soldati inglesi ispezionano uno Jagdpanzer abbandonato dai tedeschi a Cori. US NARA

▲ US soldati della quinta armata nei dintorni di Cori. US NARA

▲ Altri due Jagdpanzer abbandonati dalle truppe germaniche in ritirata. US NARA

▼ Un ufficiale americano al telefono mentre consulta le mappe a sud di Roma. US NARA

▲ Personale della US Military Police operativi nella zona a sud di Roma. US NARA

▼ Un Tiger abbandonato durante la veloce evacuazione tedesca da Cori. US NARA

▲ ▼ Dopo quelli di gennaio e febbraio, un terzo bombardamento devastante si riversò sulla città di Cori la sera del 12 aprile 1944, dove furono colpite capanne e case, rifugio per molte famiglie italiane sfollate. US NARA

▲ Soldati americani vicini a Roma durante l'avanzata estiva del 1944. US NARA

▼ US Army M10 Tank Destroyer in azione vicino a Roma, giugno 1944. US NARA

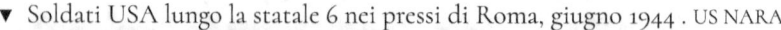

▲ Un carro armato della Divisione blindata attraversa un blocco stradale, fatto saltare in aria dieci minuti prima dai tedeschi, nel tentativo di ritardare l'arrivo delle truppe a Roma. US NARA

▼ Soldati USA lungo la statale 6 nei pressi di Roma, giugno 1944 . US NARA

▲ Un soldato americano armato di "bazooka" in allerta durante gli ultimi combattimenti nei dintorni di Roma.
US NARA

▲Soldati della 5a armata corrono attorno ad un Tiger colpito nelle ultime battaglie per le strade di Roma US NARA

▼ Due fotografi militari americani nei dintorni di Roma. US NARA

▲ Cartelli segnaletici italo tedeschi tra Valmontone e Roma, giugno 1944. US NARA

▲ ▼ Le forze alleate marciano vicino al Colosseo 1944 in queste immagini si vede l'esultanza dei cittadini accorsi a vedere gli "americani". US NARA

▲ Truppe americane a Roma, giugno 1944; si noti l'edificio "Comando Area di Roma" sulla sinistra e il monumento a Vittorio Emanuele II sullo sfondo. US NARA

▲ ▼ Soldati americani salutati dagli italiani mentre entrano a Roma. US NARA

▲ Truppe americane a Roma Giugno 1944; Il generale Mark Clark Rides attraversa la città in testa ad una lunga colonna militare. US NARA

▲ Giugno 1944; Un soldato americano offre da bere ad una ragazza romana. US NARA

▲ Il generale Mark Clark Rides attraversa la città in testa ad una lunga colonna militare dando la mano ad entusiasti cittadini romani. US NARA

▲ Generali americani: Mark Clark e un suo aiutante di campo a Roma nel giugno 1944. US NARA

▼ Cronista americano completa il suo "pezzo" sulla conquista di Roma. US NARA

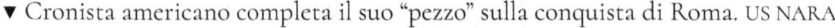

I COMANDANTI

Mark Wayne Clark (1896 –1984) uno dei generali con la più grande personalità dell'esercito americano nella seconda guerra mondiale; aggressivo e risoluto, dotato di un forte spirito offensivo e di modi bruschi; prestato fisicamente, spesso paragonato, per la sua somiglianza, con l'attore Gary Cooper, mentre Winston Churchill lo soprannominò "American Eagle" per via del suo naso pronunciato. Tuttavia, l'uomo era anche troppo ambizioso ed egocentrico, eccessivamente interessato alla sua gloria personale, come dimostra il suo desiderio quasi ossessivo di entrare per primo a Roma con le truppe americane. Clark prestò servizio durante la prima guerra mondiale, la seconda guerra mondiale e la guerra di Corea. Fu il più giovane generale a quattro stelle dell'esercito degli Stati Uniti durante la seconda guerra mondiale. Durante la Battaglia di Monte Cassino, Clark ordinò il bombardamento dell'antico convento benedettino il 15 febbraio 1944. Precedentemente, Clark era sottoposto al generale britannico Sir Harold Alexander, ufficiale comandante in capo degli eserciti alleati in Italia .

La conduzione delle operazioni di Anzio Clark è controversa, in particolare durante le azioni intorno alla linea d'inverno tedesca. Per alcuni storici la decisione politica di Clark di prendere l'indifesa capitale italiana di Roma, dopo l'operazione Diadem e la rottura della testa di Anzio, all'inizio di giugno, piuttosto che concentrarsi sulla distruzione della 10ª Armata tedesca, fu considerata militarmente stupida e incomprensibile. Dopo Roma, Clark guidò la Quinta Armata, ora molto ridotta di numero, avendo rinunciato sia al Corpo VI degli Stati Uniti che al Corpo di spedizione francese distaccati per l'operazione Dragoon, l'invasione alleata della Francia meridionale, un'operazione a cui Clark si era sempre opposto. Per l'offensiva, la Quinta Armata di Clark (ora composta solo dal II e IV Corpo) fu rinforzata dal British XIII Corps, sotto il tenente generale Sidney Kirkman. Le tappe iniziali andarono bene fino all'inizio del autunno e, come l'anno precedente, l'avanzata finì poi impantanata.

Nel dicembre del 1944 Clark succedette a Alexander come comandante dell'AAI, ribattezzato 15 Gruppo di armate. Clark nel marzo del 1945 fu promosso al grado di generale a quattro stelle, all'età di 48 anni, il più giovane dell'esercito degli Stati Uniti. Quindi guidò il quindicesimo gruppo armate nell'offensiva primaverile del 1945 in Italia, nome in codice Operation Grapeshot, che pose fine alla guerra in Italia, e in seguito accettò la resa tedesca in Italia a Maggio e divenne comandante delle forze alleate in Italia alla fine della seconda guerra mondiale in Europa.

Il maggiore generale **John Porter Lucas** (1890-1949) naque a Kearneysville, nella contea di Jefferson, West Virginia, laureatosi a West Point, classe 1911. Fu il comandante discusso del VI Corpo degli Stati Uniti durante la Battaglia di Anzio (Operation Shingle) nella campagna italiana della seconda guerra mondiale.

Il 20 settembre 1943, a Lucas fu dato il comando del VI Corpo, subentrando al mag-

▲ Il generale americano John Porter Lucas. US NARA

▲ Il comandante della Va armata Mark Clark a Roma nel giugno del 1944. US NARA

giore generale Ernest J. Dawley. Ha guidato il corpo alleato nelle prime fasi della campagna italiana, sotto il comando della Va armata. Il VI Corpo attraversò la linea del Volturno in ottobre finendo coinvolto in una dura guerra di montagna combattendo fino a dicembre, quando il quartier generale del corpo fu incaricato di preparare un assalto anfibio, nome in codice Operation Shingle.

Lucas fu da subito molto critico nei confronti dei piani per la battaglia di Anzio, credendo che la sua forza non fosse abbastanza forte per portare a termine la sua missione. La sua fiducia venne ancora meno, quando si rese conto che non aveva la comprensione del suo diretto comandante il tenente generale Mark W. Clark, che gli imponeva di non "tirarsi indietro e di non ripsarmiarsi". Dopo nove giorni di preparazione per rafforzare la sua posizione e quattro settimane di combattimenti estremamente duri, Lucas alla fine fu sollevato da Clark e sostituito con il maggiore generale Lucian K. Truscott come comandante del VI Corpo d'Anzio. Lucas passò quindi tre settimane come vice di Clark alla sede della Quinta Armata prima di tornare negli Stati Uniti. Concluse la sua carriera in una caserma in Texas pochi anni prima di morire.

Albert Kesselring (1885-1960) fu un famoso Generalfeldmarschall tedesco della Luftwaffe durante la seconda guerra mondiale. Kesselring è famoso come uno dei comandanti più abili della Germania nazista e uno dei più altamente decorati, essendo fra i 27 soldati premiati con la Croce di ferro della Croce di ferro con foglie di quercia, spade e diamanti. Soprannominato "Smiling Albert" dagli Alleati e "Uncle Albert" dalle sue truppe, fu uno dei generali più popolari della Seconda Guerra Mondiale.

Durante la seconda guerra mondiale comandò le forze aeree nelle invasioni di Polonia e Francia, la Battaglia di Inghilterra e l'operazione Barbarossa. Come comandante in capo a sud, era il comandante tedesco del teatro mediterraneo, che comprendeva le operazioni in Nord Africa. Kesselring condusse una campagna difensiva senza compromessi contro le forze alleate in Italia fino a quando fu ferito in un incidente nell'ottobre del 1944. Nella campagna finale della guerra, comandò le forze tedesche sul fronte occidentale. Dopo la guerra, Kesselring fu processato

▲ Il comandante tedesco Albert Kesserling. Bundesarchiv

per crimini di guerra, compiuti specialmente in Italia, e condannato a morte per aver ordinato l'uccisione di 335 civili italiani. La sentenza è stata successivamente commutata in ergastolo. Viene rilasciato nel 1952, per motivi di salute.

Quando gli alleati sbarcarono ad Anzio. Anche se colto di sorpresa, Kesselring si mosse rapidamente per riprendere il controllo della situazione, e già a febbraio Kesselring fu in grado di riprendere l'offensiva ad Anzio, ma le sue forze non furono in grado di schiacciare la testa di ponte alleata, per la quale Kesselring si incolpò sempre se stesso e i suoi generali per errori evitabili. Per la sua parte nella campagna, Kesselring ricevette la Croce di Cavaliere con foglie di quercia, spade e diamanti di Hitler al Wolfsschanze vicino a Rastenburg, Prussia Orientale il 19 luglio 1944.

Durante tutto luglio e agosto 1944, Kesselring combatté un'ostinata azione ritardante, ritirandosi gradualmente sulla formidabile linea gotica a nord di Firenze. Lì, fu finalmente in grado di fermare l'avanzata alleata. Kesselring abbandonò la leadership dopo il pericoloso incidente subito il 25 ottobre 1944, quando la sua auto entrò in collisione con un pezzo di artiglieria proveniente da una strada laterale. Kesselring subì gravi lesioni alla testa e al viso e non tornò al suo comando fino al gennaio 1945.

▲ Il generale tedesco von Senger und Etterlin. Bundesarchiv

Fridolin Rudolf Theodor Ritter and Edler von Senger und Etterlin, (1891 - 1963) era un generale tedesco, addestrato e capace della Wehrmacht, di religione cattolica e politicamente distaccato dal regime nazista, esercitò importanti funzioni di comando durante la seconda guerra mondiale, dimostrandosi tenace comandante specialmente durante la Battaglia di Stalingrado ma soprattutto durante la campagna italiana dove era responsabile del settore di Cassino e poi di Anzio, dove difese con successo i ripetuti attacchi degli alleati.

FORZE DELL'ASSE
FOTO & IMMAGINI

Bundesarchiv, Bild 101I-311-0913-33A
Foto: Koch | März 1944

▲ Mezzo tedesco mimetizzato Hornisse Nashorn tank destroyer vicino a Nettuno, Marzo 1944. BUNDESARCHIV

▼ Camouflaged PaK 36 anti-tank gun, Nettuno, Febbraio 1944. BUNDESARCHIV

Bundesarchiv, Bild 183-2000-0210-502
Foto: Thönessen/Thönnessen | Februar 1944

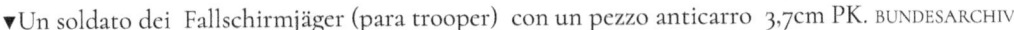

▲ Posizioni anticarro tenute da paracadutisti tedeschi vicini a Nettuno - Anzio. PA

▼Un soldato dei Fallschirmjäger (para trooper) con un pezzo anticarro 3,7cm PK. BUNDESARCHIV

▲ ▼ Artiglieria tedesca a lunga gittata - caricamento di un cannone ferroviario da parte del servizio al fronte di Nettuno - Anzio, nell'immagine in alto si vede bene il ricovero del cannone nel del tunnel PA

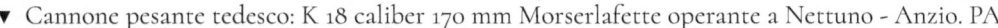

▲ Caricamento del cannone Leopold attivo nella zona di nettuno. PA

▼ Cannone pesante tedesco: K 18 caliber 170 mm Morserlafette operante a Nettuno - Anzio. PA

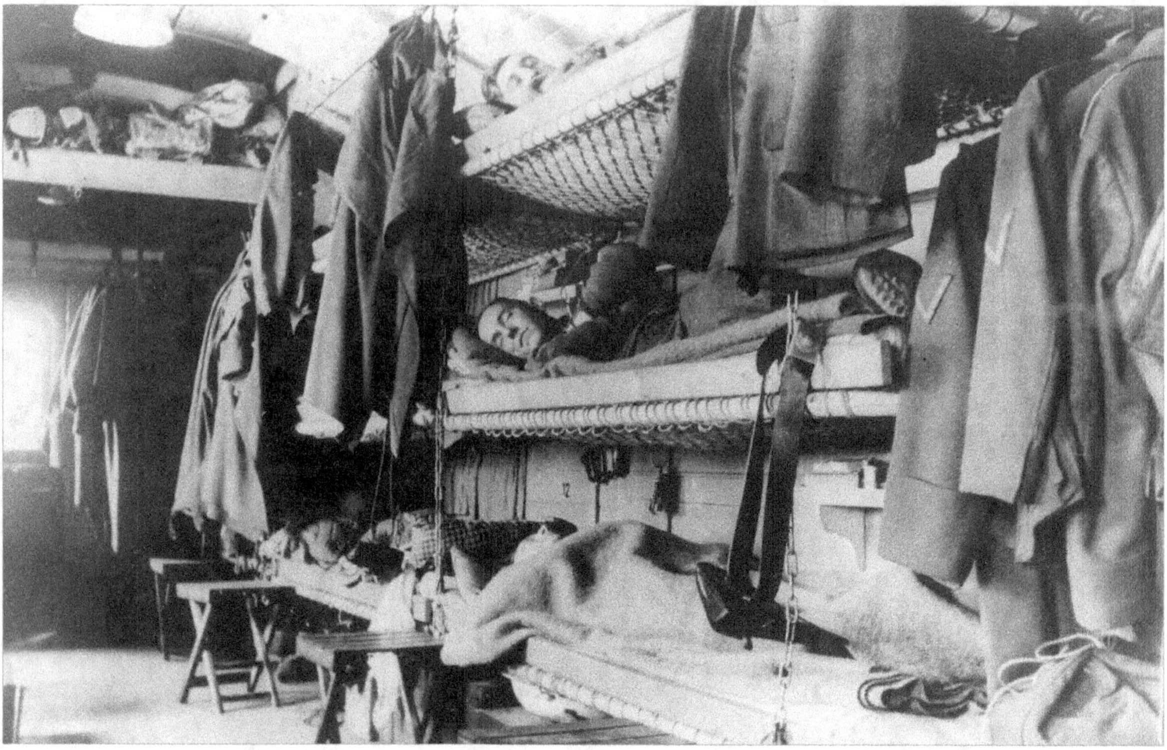

▲ Interno del vagone con gli artiglieri incaricati di operare con il pezzo di artiglieria gigante. PA

▼ Appostamento di un flak 36 caliber 88 mm antiaereo nella zona di Anzio. PA

▲ Operatore cannone ferroviario a Nettuno - Anzio, intento a calibrare il bersaglio. PA

▲ Cartello stradale nella zona di Nettuno. PA

▼ Sturmpanzer assault gun and Tiger I mimetizzato a Nettuno, Italy, Marzo 1944. PA

▲ Plotone mitraglieri con MG42 transitano accanto ad un Elefant distrutto, Nettuno, Marzo 1944. PA

▼ Soldati tedeschi esaminano uno M4 Sherman americano catturato. Bundesarchiv

▲ Carri d'assalto III e Panzer V in agguato con supporto di fanteria BA

▼ Panzer IV pieno di soldati tedeschi a Nettuno, Italy, Marzo 1944. Bundesarchiv

▲ Un gruppo di para tedeschi nella macchia nella zona del fronte Nettuno - Anzio. PA

▼ Para italiani e tedeschi durante una conversazione nella zona di nettuno. PA

▲ Paracadutisti tedeschi impegnati nella battaglia del marzo sul fronte di Nettuno - Anzio. Il soldato a sinistra porta un fucile Mauser Kar98k con una prolunga per sparare granate di fucile, il cosiddetto tromboncino. PA

▼ Diavolo verde del 4th FJD con una MG 42 a Nettuno - Anzio front. PA

▲ Un gruppo di paracadutisti tedeschi mentre riposa tra i cespugli sul fronte Nettuno - Anzio. Uno dei paracadutisti sta con una sigaretta in mano. PA

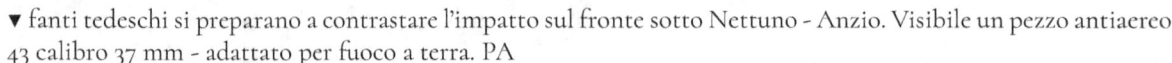

▲ Granatieri tedeschi per le vie di Nettuno - Anzio front. Visibili diversi edifici lesionati. PA

▼ fanti tedeschi si preparano a contrastare l'impatto sul fronte sotto Nettuno - Anzio. Visibile un pezzo antiaereo 43 calibro 37 mm - adattato per fuoco a terra. PA

▲ Paracadutisti tedeschi del 1 ° FJD e para italiani della divisione "Folgore" sul fronte vicino a Nettuno - Anzio. Il paracadutista italiano porta un mitra Beretta M1938 visibile sulla schiena. PA

▼ Due para tedeschi in trincea al fronte. PA

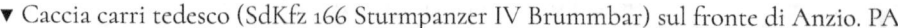

▲ Una bomba alleata inesplosa viene trascinata via da un trattore a Nettuno - Anzio. PA

▼ Caccia carri tedesco (SdKfz 166 Sturmpanzer IV Brummbar) sul fronte di Anzio. PA

▲ Caccia carri americano M 10 distrutto sul fronte vicino a Nettuno - Anzio. Visibile un soldato tedesco che osserva il relitto e mitragliatrice Browning M2HB sulla torre del carro. PA

Bundesarchiv. Bild 101I-476-2072-03
Foto: Bayer | 1944

▲ Un SdKfz. 7 half-track 3.7 cm piazzato vicino a Castel Sant'Angelo in Roma, 1944. BA

▼ Para tedeschi del 4th FJD ad Anzio, molti soldati stanno fumando. PA

▲ Cannone tedesco 10.5 cm K338 cannon in postazione mimetizzata a Nettuno - Anzio front PA

▼ Carro PzKpfw VI "Tiger" danneggiato durante il combattimento - mentre viene trainato con il trattore SdKfz 7. visibile anche un carro leggero PzKpfw II. PA

Bundesarchiv, Bild 1011-311-0904-21
Foto: Vack | März 1944

▲ Schwere Panzer-Abteilung 508 (la sola unità Tiger presente sul posto alla data) Bundesarchiv

▼ Ponte ferroviario distrutto, a sinistra è visibile uno "Sherman" messo fuori uso. PA

▲ Fanteria tedesca con muli al fronte di Nettuno - Anzio. PA

▲ Prigionieri di guerra alleati (dall'area dei combattimenti sotto Nettuno) catturati a marzo fatti sfilare per Roma sotto la scorta dii soldati Tedeschi. Visibile sul fondo il Colosseo PA

▼ Un gruppo di prigionieri inglesi in marcia per il punto di concentramento. PA

▲ GUn para tedesco scorta un gruppo di prigionieri americani catturati nella zona di Nettuno. Sulla destra visibile un tipico capanno contadino del basso Lazio. PA

▲ Colonna di soldati americani e inglesi fatti prigionieri a Nettuno scortati da guardie tedesche attraversano Via dell'Impero a Roma. Sullo sfondo si vede l'Altare della Patria e l'edificio di Palazzo Venezia. PA

MAPS

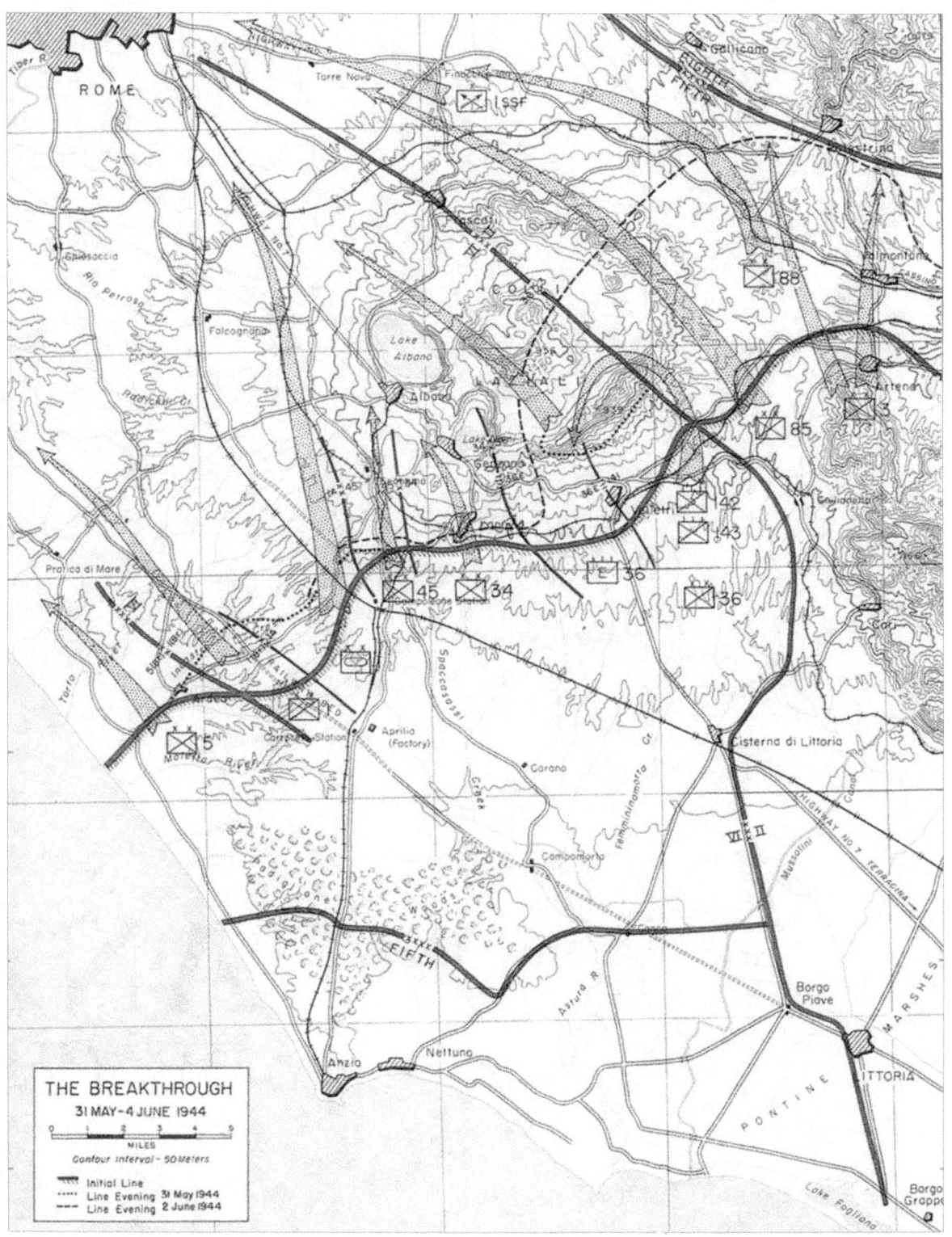

▲ Mappa degli alleati avanzare verso Roma, Italia, 31 maggio-4 giugno 1944. Accademia militare degli Stati Uniti

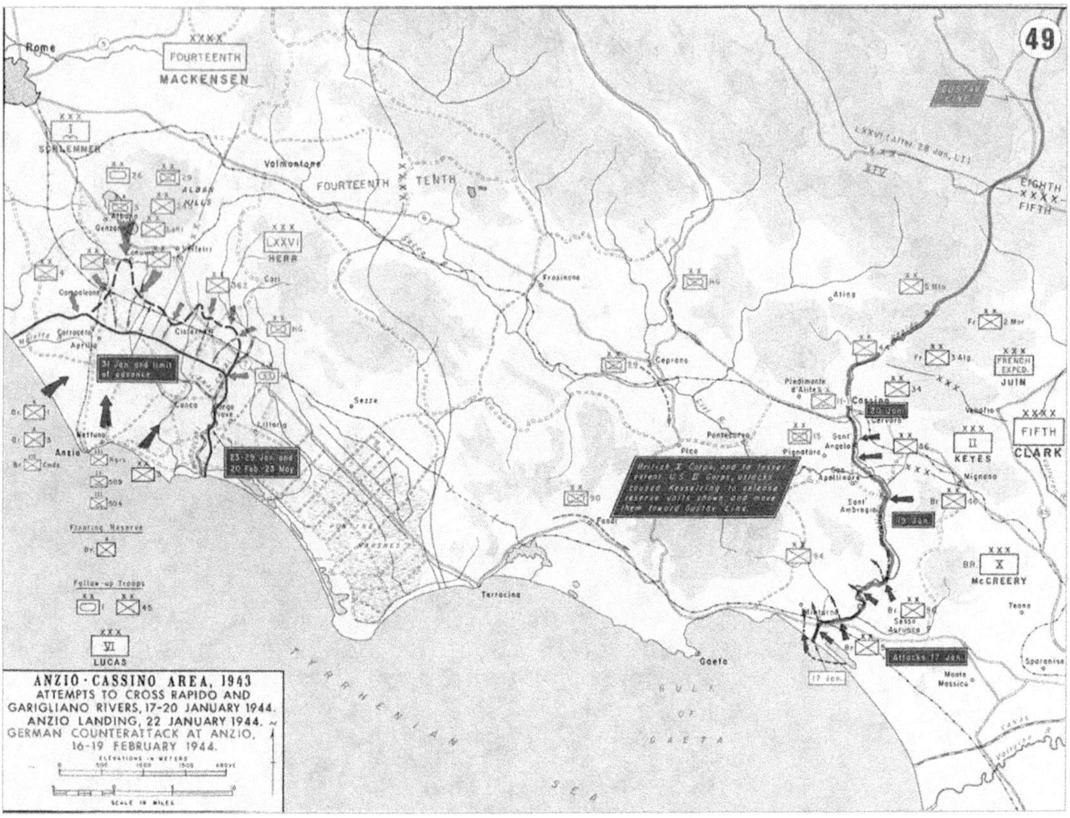
49
ANZIO · CASSINO AREA, 1943
ATTEMPTS TO CROSS RAPIDO AND GARIGLIANO RIVERS, 17-20 JANUARY 1944.
ANZIO LANDING, 22 JANUARY 1944.
GERMAN COUNTERATTACK AT ANZIO, 16-19 FEBRUARY 1944.
ELEVATIONS IN METERS
SCALE IN MILES
Rome
FOURTEENTH
MACKENSEN
SCHLEMMER
Valmontone
ALBAN HILLS
FOURTEENTH
TENTH
LXXVI
HERR
Cori
Velletri
Genzano
Campoleone
Carroceto
Aprilia
Cisterna
31 Jan. and limit of advance
Conca
Nettuno
Anzio
23-29 Jan. and 20 Feb.-23 May
Floating Reserve
Follow-up Troops
VI
LUCAS
Sezze
Littoria
Terracina
TYRRHENIAN SEA
GULF OF GAETA
Gaeta
Frosinone
Ceprano
Pico
Pontecorvo
Fondi
British X Corps, and to lesser extent U.S. II Corps, attacks caused Kesselring to release reserve units shown and move them toward Gustav Line.
GUSTAV LINE
LXXVI (After 28 Jan., LI)
XIV
EIGHTH
FIFTH
Atina
Piedimonte d'Alife
Cassino
20 Jan.
Cervaro
Sant' Angelo
Pignataro
San Apollinare
Sant' Ambrogio
19 Jan.
FRENCH EXPED.
JUIN
FIFTH
CLARK
II
KEYES
Venafro
Mignano
X
McCREERY
Minturno
Sessa Aurunca
Attacks 17 Jan.
17 Jan.
Monte Massico
Teano
Sparanise

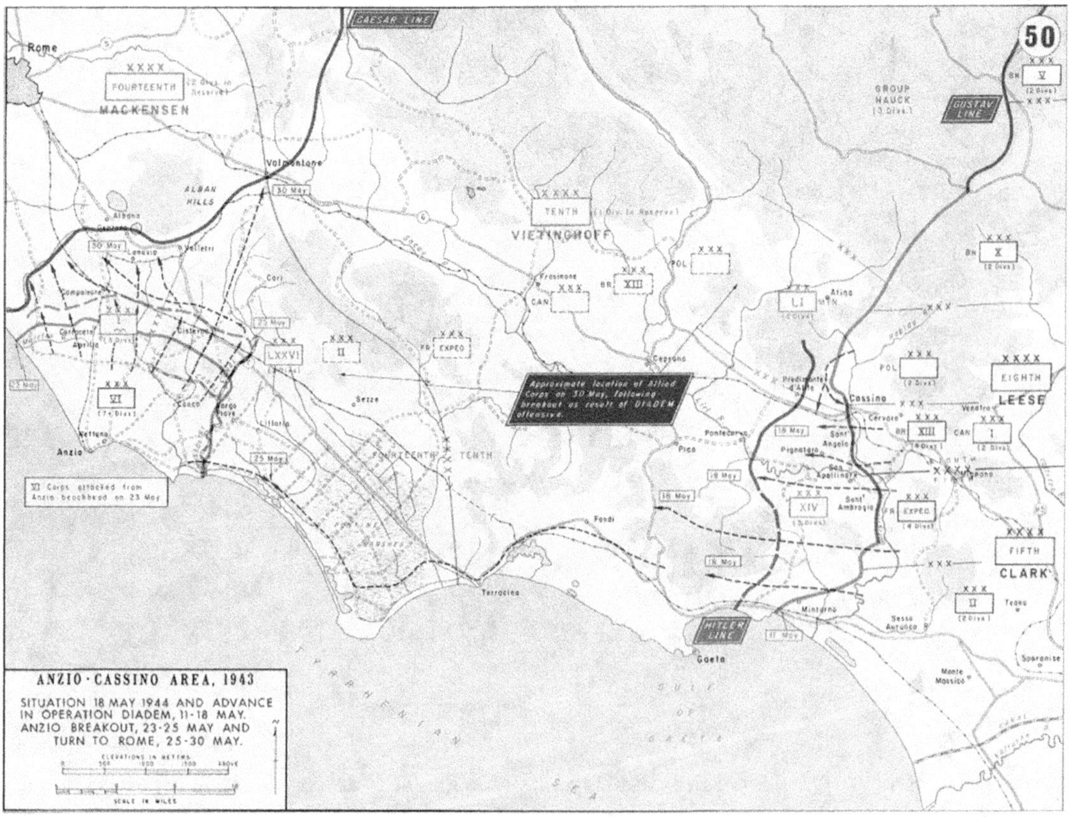
50
ANZIO · CASSINO AREA, 1943
SITUATION 18 MAY 1944 AND ADVANCE IN OPERATION DIADEM, 11-18 MAY.
ANZIO BREAKOUT, 23-25 MAY AND TURN TO ROME, 25-30 MAY.
ELEVATIONS IN METERS
SCALE IN MILES
CAESAR LINE
Rome
FOURTEENTH
(2 Divs. in Reserve)
MACKENSEN
Valmontone
30 May
ALBAN HILLS
Albano
Lanuvio
Velletri
Campoleone
Carroceto
Aprilia
Cisterna
VI
(7½ Divs.)
Conca
Nettuno
Anzio
25 May
VI Corps attacked from Anzio beachhead on 23 May
LXXVI
II
EXPED.
Cori
Sezze
Littoria
FOURTEENTH
TENTH
TENTH
(1 Div. in Reserve)
VIETINGHOFF
Frosinone
CAN
XIII
POL
Ceprano
Approximate location of Allied Corps on 30 May, following breakout as result of DIADEM offensive.
Terracina
Fondi
TYRRHENIAN SEA
GULF OF GAETA
Gaeta
HITLER LINE
GROUP HAUCK
(3 Divs.)
GUSTAV LINE
V
(2 Divs.)
X
(2 Divs.)
LI
Atina
Piedimonte d'Alife
Cassino
EIGHTH
LEESE
Cervaro
Venafro
XIII
I
Sant' Angelo
Pignataro
San Apollinare
Sant' Ambrogio
XIV
EXPED.
(4 Divs.)
FIFTH
CLARK
II
(2 Divs.)
18 May
19 May
16 May
17 May
Minturno
Sessa Aurunca
Teano
Monte Massico
Sparanise